Bin ich gewerbesteuer-pflichtig?

Ein allgemein verständlicher Überblick

über

das neue Gewerbesteuergesetz

und zugleich

eine Anleitung zur Handhabung desselben.

Von

Dr. P. Günther,

Regierungs-Assessor zu Frankfurt a. O.

Berlin 1892.

J. J. Heines Verlag.

Inhalts-Uebersicht.

Gleichzeitig mit dem neuen Einkommensteuergesetze wurde unterm 24. Juni 1891 das neue Gewerbesteuergesetz in der Gesetz-Sammlung für die Königlichen Preußischen Staaten auf Seite 205 ff. des Jahrgangs 1891 veröffentlicht. Dieses Gesetz kommt zuerst bei der Veranlagung für das Jahr 1893/94 zur Anwendung.

Zwar hat das neue Gewerbesteuergesetz für das Publikum nicht die ungeheure Bedeutung, wie das alle Schichten der Bevölkerung berührende neue Einkommensteuergesetz. Immerhin wird aber durch das erstere die große Klasse der Gewerbetreibenden betroffen, denen die Kenntniß der neuen, von dem bisher geltenden Rechte vielfach wesentlich abweichenden Bestimmungen von Wichtigkeit und Interesse sein muß. Wenn wir es deshalb unternommen haben, in den nachstehenden Zeilen die wichtigsten Bestimmungen des neuen Gewerbesteuergesetzes in übersichtlicher und allgemein verständlicher Weise darzustellen, glauben wir einem Wunsche der Gewerbetreibenden entgegenzukommen, sich einen Ueberblick über die sie interessirenden Vorschriften verschaffen zu können, auch ohne das Gesetz selbst zur Hand nehmen zu müssen. Aber auch diejenigen welche, ohne selbst Gewerbetreibende zu sein, bei der Gewerbesteuerveranlagung mit betheiligt sind, (Mitglieder eines Steuerausschusses, Gemeindevorsteher u. s. w.), werden aus dem vorliegenden Büchlein manches Wissenswerthe entnehmen können.

Wir werden bei unserer Abhandlung, soweit es zweckmäßig und nothwendig erscheint, die bisher bestehenden Bestimmungen zum Ausgangspunkte nehmen und, unmittelbar anschließend an dieselben, die durch das neue Gesetz herbeigeführten Aenderungen hervorheben.

Die bisher bestehende Gewerbesteuer beruhte in der Hauptsache noch auf dem Gewerbesteuergesetze vom 30. Mai 1820. Und wenngleich durch die nachfolgende Gesetzgebung eine wesentliche Modification der Gewerbesteuer herbeigeführt wurde, so konnte dieselbe auf der alten Grundlage mit den veränderten gewerblichen und wirthschaftlichen Verhältnissen nicht Schritt halten und erschien schließlich vollständig veraltet.

Trotzdem hat das neue Gewerbesteuergesetz nicht alles Bestehende verworfen, sondern vielmehr manches Werthvolle und Bewährte übernommen.

Zum besseren Verständniß der nunmehr geltenden Bestimmungen wird es wesentlich beitragen, wenn wir die Grundzüge der bisher bestehenden Gewerbesteuer-Gesetzgebung kurz darlegen.

Die durch das Gewerbesteuergesetz von 1820 eingeführte Abgabe verfolgte lediglich finanzielle Zwecke und hatte es deshalb hauptsächlich darauf abgesehen, den lohnenden Gewerbebetrieb zu treffen, welcher sich in den großen und in den nahrhaften mittleren Städten vereinigte. Von den kleineren Städten und dem platten Lande wurde nur ein geringer Betrag an Steuer erwartet. Dieser Absicht gemäß sprach das Gesetz nicht eine allgemeine Steuerpflicht der stehenden Gewerbe aus, sondern stellte den Grundsatz, daß nur die ausdrücklich bezeichneten Gewerbebetriebe steuerpflichtig, alle übrigen aber steuerfrei sein sollten, an seine Spitze und faßte die zu besteuernden Gewerbe in folgende 10 Klassen zusammen:

A. Handel mit kaufmännischen Rechten;
B. Handel ohne kaufmännische Rechte;

In diese Handelsklassen wurden zugleich alle Fabrikbetriebe und das Verfertigen von Waaren auf den Kauf verwiesen.

C. Gast- und Schankwirthschaft;
D. Bäcker;
E. Fleischer;
F. Brauer;
G. Branntweinbrenner;
H. Handwerker;
J. Müller;
K. Fuhrleute und Schiffer.

In der Folgezeit wurden jedoch diese Klassen wesentlich verändert. Die Branntweinbrenner wurden einer besonderen Steuer unterworfen und deshalb von der Gewerbesteuer befreit. Die Bäcker, Fleischer, Brauer und Müller wurden den Handelssteuerklassen zugewiesen. Nur die geringsten Mühlenbetriebe wurden mit den Handwerkern besteuert. Nachdem die Besteuerung des Handels je nach dem Umfange des Betriebes in 3 Klassen eingeführt war, gab es schließlich folgende Gewerbesteuerklassen:

AI. Großhandel;
AII. Mittelhandel;
B. Kleinhandel;
C. Gast- und Schankwirthschaft, einschließlich des Vermiethens möblirter Zimmer und der Speisewirthschaft;
H. Handwerker;
K. Fuhrleute und Schiffer.

Während für die Klasse K eine besondere Besteuerung eingeführt war, nämlich für jedes Pferd und jede Schiffslast ein bestimmt normirter Steuerbetrag entrichtet werden mußte, fand in den übrigen Steuerklassen die Besteuerung nach Mittelsätzen statt, die sich je nach den Gewerbesteuer-Abtheilungen (Ortsklassen), in welche sämmtliche Ortschaften des Staats je nach ihrer Wohlhabenheit, Größe und industriellen Bedeutung eingetheilt waren, abstuften. Zunächst wurde nämlich das von jeder Klasse aufzubringende Jahressoll an Steuer durch Multiplication des Mittelsatzes mit der Zahl der im einzelnen Rollenbezirk vorhandenen Gewerbetreibenden der betreffenden Klasse berechnet. Dieses Jahressoll wurde sodann auf die einzelnen Steuerpflichtigen der betreffenden Klasse unter Einhaltung gewisser vorgeschriebener Abstufungen der Steuersätze und bestimmter Minimalsätze vertheilt. Diese Vertheilung wurde in den Klassen AI, AII und C durch Abgeordnete, welche von der Gesammtheit der Steuerpflichtigen der betreffenden Klasse des Rollenbezirks (Steuergesellschaft) aus ihrer Mitte gewählt wurden, vorgenommen, während in den Klassen B und H die Veranlagungsbehörden (Gemeindevorstand, Landrath) unter Hinzuziehung von sachverständigen Gewerbetreibenden diese Vertheilung vornahmen. — Auf die Besteuerung nach dem System der Mittelsätze werden wir weiter unten noch zurückkommen.

Dieser Besteuerungsmodus hatte wesentliche Mängel an sich, deren Beseitigung das neue Gewerbesteuergesetz anstrebt.

Zunächst war die Eintheilung sämmtlicher Ortschaften des Staats für die Klasse AI in zwei, für die übrigen Klassen in vier Gewerbesteuer-Abtheilungen durchaus nicht mehr zeitgemäß und stand mit der Ausgestaltung des modernen Verkehrslebens und der modernen Transport- und Communicationsmittel nicht mehr im Einklang. Es traf durchaus nicht mehr zu, daß die größeren Gewerbebetriebe, namentlich die größeren Fabriketablissements, sich in den größeren und volkreicheren Städten befanden. Vielmehr haben sich viele größere gewerbliche

Unternehmungen gerade in die kleinen Städte oder auf das platte Land, lediglich mit Rücksicht auf die dort günstigeren Lohnverhältnisse, die geringere Communalsteuerlast u. s. w. gezogen. Trotzdem wurden diese Gewerbebetriebe zu einer der geringen Bedeutung dieser Orte entsprechenden, unverhältnißmäßig niedrigen, Gewerbesteuer herangezogen. Die Gewerbesteuer-Abtheilungen wurden deshalb beseitigt.

Ferner wurde es als eine Unbilligkeit und Härte empfunden, daß nicht sämmtliche, sondern nur bestimmte Gewerbebetriebe der Besteuerung unterlagen. Diesen Zustand hat das neue Gewerbesteuergesetz dadurch beseitigt, daß nunmehr prinzipiell alle Gewerbebetriebe zur Gewerbesteuer heranzuziehen sind, welche nicht ausdrücklich als steuerfrei bezeichnet werden.

Die nothwendige Folge dieser Bestimmung war die Aufhebung der Unterscheidung der einzelnen Gewerbebetriebe nach ihrer Art, also die Beseitigung der bisher bestandenen Gewerbesteuerklassen (Handel, Gast- und Schankwirthschaft, Handwerker, Fuhrleute und Schiffer). An deren Stelle sind Gewerbesteuerklassen eingeführt, die lediglich nach der Höhe des Ertrags und des Anlage- und Betriebskapitals bestimmt werden.

Im engsten Zusammenhange mit dieser Neugestaltung steht auch die einheitliche Besteuerung sämmtlicher von Einer Person betriebenen Gewerbe, während bisher vielfach mehrere in verschiedenen Klassen steuerpflichtige Gewerbebetriebe derselben Person auch in verschiedenen Klassen zur Gewerbesteuer herangezogen wurden, obwohl diese Gewerbebetriebe einander nur ergänzten oder in untrennbarem Zusammenhange mit einander standen. Z. B. wurde der Spediteur sowohl in einer der Handelssteuerklassen, als auch in der Klasse K besteuert, wenn er sich zur Beförderung der Geschäftswaaren mehrerer Pferde bediente, der Hotelwirth, der, neben der Steuer in der Klasse C, auch die Steuer in der Klasse K dafür entrichten mußte, daß er zur Abholung der Reisenden von der Eisenbahn ein Omnibusfuhrwerk mit zwei Pferden unterhielt u. s. w.

Auch die Veranlagungsbezirke werden anders bestimmt, die Veranlagungsbehörden werden anders organisirt und die den Steuerpflichtigen gegen die ihnen bekannt gemachte Einschätzung zustehenden Rechtsmittel erhalten eine andere Gestaltung. Wir werden weiter unten hierauf näher einzugehen haben.

Zu erwähnen ist noch, daß das neue Gesetz, entgegen den bisher 'geltenden Bestimmungen, auch einen Erlaß der Gewerbesteuer zuläßt für den Fall, daß ein Gewerbebetrieb durch Tod oder Krankheit des Inhabers, Brandunglück, Ueberschwemmung oder sonstige Naturereignisse wesentlich geschädigt ist. Ein Recht auf die Gewährung steht dem Steuerpflichtigen jedoch nicht zu.

In einzelnen Fällen können auch veranlagte Gewerbesteuerbeträge niedergeschlagen werden, wenn deren zwangsweise Beitreibung die Steuerpflichtigen in ihrer wirthschaftlichen Existenz gefährden würde.

Nachdem wir nun in großen Zügen die durch das neue Gesetz getroffenen Aenderungen angeführt haben, wenden wir uns zu dem eigentlichen Thema unserer Abhandlung, der Besprechung der für die Gewerbetreibenden wichtigsten Bestimmungen des Gesetzes.

Wir handeln in Folgendem zunächst von dem

Gegenstande der Besteuerung.

Wie wir schon oben kurz erwähnt haben, hat das neue Gewerbesteuergesetz die bisherigen Gewerbesteuerklassen beseitigt und prinzipiell alle in Preußen betriebenen stehenden Gewerbe der Besteuerung unterworfen. Unter stehenden Gewerben sind hier diejenigen zu verstehen, welche nicht der Hausirsteuer unterliegen.

Die Folge der Beseitigung der alten Steuerklassen ist, daß in Zukunft alle diejenigen zahlreichen Gewerbebetriebe, die bisher von der Gewerbesteuer lediglich aus dem Grunde befreit waren, weil es nicht möglich war, dieselben in eine der bestehenden Gewerbesteuerklassen (Handel, Schank- und Gastwirthschaft u. s. w.) einzureihen, der Besteuerung unterliegen. Dies trifft z. B. zu auf: Theater- und Concertunternehmungen, Schaustellungen und Lustbarkeiten aller Art, wie Menagerien, Schießbuden, Karussels u. dgl., die mit Dampf und Elektricität betriebenen Straßenbahnen, die dem Handwerk ähnlichen, aber bisher nicht dazu gerechneten Gewerbe, wie die der Kammerjäger, Barbiere, Musiker u. dgl., der Gewerbebetrieb der Volksanwälte, der Naturärzte, Heilgehülfen und Hebeammen, Wasch- und Plättanstalten, Fenster- und Teppichreinigungsanstalten, auch wenn sie nicht fabrikmäßig betrieben werden u. dergl. u. s. w.

In Zukunft sind demnach nicht wie seither nur die bestimmten Gattungen von Gewerbetrieben, welche zu den bisherigen Steuerklassen für Handel, Gast- und Schankwirthschaft, Handwerk und Schiffer- und Transportgewerbe gehören, sondern die Gewerbetriebe aller Gattungen der Besteuerung unterworfen.

Aber auch bisher ausdrücklich gewährte Befreiungen hebt das neue Gesetz, als mit dem Grundsatze der allgemeinen Steuerpflicht der Gewerbebetriebe nicht mehr vereinbarlich, auf. So werden in

Zukunft grundsätzlich steuerpflichtig sein z. B. Handwerker ohne offenes Waarenlager, oder mit weniger als zwei Gehülfen, oder mit weniger als einem Gehülfen und zwei Lehrlingen oder mit weniger als drei Lehrlingen, Weber und Wirker, die mit weniger als fünf Stühlen arbeiten, Fuhrleute und Pferdeverleiher mit nur einem Pferde und solche Gewerbetreibende, welche sich bei Ausübung derartiger Gewerbe auch anderer Thiere als Pferde (z. B. Esel, Maulesel u. dgl.) bedienen, Schiffer, deren Kähne weniger als drei Lasten Tragfähigkeit besitzen u. s. w.

Die weitere Folge der Aufgabe der alten Steuerklassen ist, daß fortan sämmtliche, auch verschiedenartige, Gewerbebetriebe derselben Person oder Personenmehrheit (offenen Handelsgesellschaft, Commanditgesellschaft, Genossenschaft, Verein u. s. w.) ohne Rücksicht auf ihre Zahl, Art, Lage oder Firma als Ein steuerpflichtiges Gewerbe veranlagt werden. Der Handel wird demnach nicht mehr mit jeder Verkaufsstätte und Firma, das Handwerk und die Gast- und Schankwirthschaft nicht mehr nach Maßgabe des innerhalb eines jeden Veranlagungsbezirks stattfindenden Betriebes, das Schiffer- und Fuhrgewerbe nicht mehr von jedem Kahne bezw. Pferde besonders veranlagt, das Speditionsgewerbe nicht mehr neben der Handelssteuer auch noch der besonderen Steuer für den Fuhrbetrieb u. s. w. unterwerfen.

Das von der Ehefrau eines Gewerbetreibenden, welche nicht dauernd von ihrem Ehemanne getrennt lebt, betriebene eigene Gewerbe wird in steuerlicher Beziehung dem Gewerbebetriebe des Ehemanns zugerechnet und mit demselben zusammen als Ein Betrieb und nicht mehr für sich besonders veranlagt. Als eine dauernde Trennung ist hier auch eine nur auf begrenzte Zeit erfolgte, aber im Uebrigen vollständige Trennung anzusehen.

Die Erträge bezw. die Anlage und Betriebskapitalien der einzelnen, Einer Person gehörigen Gewerbebetriebe sind zusammen zu rechnen und an Einer Stelle zu veranlagen. Eine Ausnahme hiervon findet hinsichtlich der steuerpflichtigen Consumanstalten gewerblicher Unternehmer statt, welche stets getrennt von den sonstigen Betrieben derselben veranlagt werden.

Außer Betracht bleiben bei der Zusammenrechnung jedoch die Erträge bezw. die Anlage- und Betriebskapitalien der von der Besteuerung nach ausdrücklicher Vorschrift des neuen Gesetzes überhaupt d. h. ohne Rücksicht auf die Höhe des Ertrages bezw. des Anlage- und Betriebskapitals befreiten Betriebe (siehe unten), ferner der außerhalb Preußens errichteten gewerblichen Niederlassungen, weil nur die im Preußen betriebenen stehenden Gewerbe steuerpflichtig sind, und endlich der mit dem stehenden Gewerbe etwa verbundene Gewerbebetriebe im Umherziehen, da diese bereits der besonderen Hausirsteuer unterliegen.

Da nunmehr nur die in Preußen betriebenen stehenden Gewerbe der Besteuerung unterliegen, so sind selbstverständlich diejenigen gewerblichen Unternehmungen, welche außerhalb Preußens ihren Sitz haben, aber in Preußen durch Errichtung von Zweigniederlassungen, Fabrikations-, Ein- und Verkaufsstätten, Waarenlagern, Comtoiren oder in sonstiger Weise d. h. durch dauernd zur Ausübung des stehenden Gewerbebetriebs sich in Preußen aufhaltende Geschäftstheilnehmer, Procuristen, Agenten u. s. w. einen oder mehrere stehende Betriebe unterhalten, nur nach Maßgabe der letzteren der Gewerbesteuer in Preußen unterworfen.

Umgekehrt werden die von inländischen Gewerbetreibenden außerhalb Preußens durch Errichtung einer Zweigniederlassung, Fabrikations-, Ein- und Verkaufsstätte oder in sonstiger Weise unterhaltenen stehenden Gewerbebetriebe bei der Steuerveranlagung nur in soweit in Betracht gezogen, als bei Berechnung des Ertrages der auf die diesseitige Geschäftsleitung entfallende Antheil an dem Ertrage des auswärtigen Betriebes mit zu berücksichtigen ist.

Endlich wird, wenn ein und dasselbe stehende Gewerbe theils in Preußen, theils außerhalb Preußens betrieben wird (indem z. B. die Fabrikationsstätte in Preußen und das dazu gehörige Comtoir außerhalb Preußens sich befindet), die Gewerbesteuer nach Maßgabe des in Preußen befindlichen Betriebes veranlagt.

Der Grundsatz, daß die in Preußen betriebenen stehenden Gewerbe aller Gattungen der Gewerbesteuer unterliegen, erleidet jedoch mannigfache Ausnahmen.

Befreiungen.

Zunächst sind allgemein von der Gewerbesteuer befreit, diejenigen Gewerbebetriebe, bei denen weder der jährliche Ertrag 1500 Mark noch das Anlage- und Betriebskapital 3000 Mark erreicht. Eine Ausnahme hiervon machen jedoch diejenigen Gewerbebetriebe, welche der weiter unten zu behandelnden sog. Betriebssteuer unterliegen.

Sodann läßt das Gesetz alle diejenigen Gewerbebetriebe steuerfrei, welchen wegen der Person des Unternehmers oder der Art des Gewerbes wichtige steuerpolitische, volkswirthschaftliche oder Billigkeitsgründe zur Seite stehen. Im Allgemeinen ist in dieser Hinsicht der bisher bestehende rechtliche Zustaud beibehalten worden.

Wie bisher genießen auch fortan Steuerfreiheit:

das deutsche Reich und der preußische Staat, die Reichsbank, die land- oder ritterschaftlichen Creditverbände, die öffentlichen Versicherungsanstalten;

ferner die Communalverbände wegen folgender von ihnen betriebenen gewerblichen Unternehmungen, nämlich:

a) der zu gemeinnützigen Zwecken dienenden Geld- und Creditanstalten, als Sparkassen, Landeskreditkassen, Landeskulturrentenbanken, Bezirks- und Provinzial-Hülfs- und Darlehnskassen u. s. w.;
b) der Kanalisations- und Wasserwerke, letzterer jedoch nur soweit sich der Betrieb auf den Bezirk der unternehmenden Gemeinde beschränkt;
c) der Schlachthäuser und Viehhöfe;
d) der Markthallen;
e) der Volksbäder;
f) der Anstalten zur Beleihung von Pfandstücken.

Auch öffentliche Volksküchen, Suppenanstalten, Kaffeeschänken, Volksbibliotheken, Wohlthätigkeits-Bazare, -Vorstellungen und -Concerte werden von der Besteuerung freigelassen werden, vorausgesetzt, daß diese Unternehmungen von Corporationen, Vereinen oder Privatpersonen lediglich zu wohlthätigen oder gemeinnützigen Zwecken, unter gänzlichem Ausschluß eines Gewinnes für die Unternehmer, betrieben werden.

Von größerem Interesse, als die eben gedachten, sind für die vorliegende Abhandlung die nachstehend aufgeführten Befreiungen.

Der Gewerbesteuer unterliegen nämlich weiter nicht:

die Land- und Forstwirthschaft, die Viehzucht, die Jagd, die Fischzucht, der Obst- und Weinbau und der Gartenbau,

gleichviel ob die Ausübung dieser Erwerbszweige auf eigenem, oder in Folge von Nutzungsrechten (Pacht, Nießbrauch u. s. w.) auf fremdem Grund und Boden geschieht.

Diese Bestimmung findet aber keine Anwendung auf diejenigen, welche gewerbsweise Vieh von erkauftem Futter unterhalten, um es zum Verkauf zu mästen oder mit der Milch zu handeln, sowie auf diejenigen, welche die Milch einer Heerde, das Obst eines Gartens oder einer Baumpflanzung (auch an Chausseen u. s. w.), den Fischfang in geschlossenen Gewässern und ähnliche Nutzungen abgesondert zum Gewerbebetriebe pachten.

Grundsätzlich steuerpflichtig ist aber auch fortan der Gartenbau, der sich als Kunst- und Handelsgärtnerei darstellt, während derselbe bisher nur dann zur Handelssteuer herangezogen wurde, wenn der Absatz der Erzeugnisse außer den Märkten aus einem besonders dazu bestimmten offenen Verkaufslokale außerhalb der Productionsstätte erfolgte.

Die Befreiung der Land- und Forstwirthschaft u. s. w. erstreckt sich auch auf den Absatz der selbstgewonnenen Erzeugnisse in rohem Zustande oder nach einer Verarbeitung, welche in dem Bereiche des betreffenden Erwerbszweiges liegt.

Bei der Verarbeitung der selbstgewonnenen Erzeugnisse ist Bedingung der Steuerfreiheit, daß sich der Gesammtbetrieb, einschließlich der für die Verarbeitungszwecke hergestellten Einrichtungen und Anlagen, doch nur als Betrieb der Land- und Forstwirthschaft u. s. w. darstellt. Insbesondere werden Fabriken und sonstige gewerbliche Anlagen, welche nicht dem land- und forstwirthschaftlichen u. s. w. Betriebe entschieden untergeordnet und im Verhältniß zu diesem nur von nebensächlicher Bedeutung sind, sondern regelmäßig auch als selbstständige Unternehmungen von Anderen als Land- und Forstwirthen u. s. w. des Fabrikationsgewinnes wegen Behufs Verarbeitung angekaufter Stoffe betrieben werden, als solche zur Gewerbesteuer auch dann herangezogen, wenn die Verarbeitung sich auf selbstgewonnene Erzeugnisse beschränkt. Hiernach sind stets steuerpflichtig Zucker-, Stärke-, Conserven-, Krautfabriken, Brennereien (mit Ausnahme der unten erwähnten landwirthschaftlichen Brennereien), Papierfabriken, Holzschneidemühlen u. s. w.

Die Beschränkung des Absatzes auf selbstgewonnene Erzeugnisse in rohem Zustande oder nach einer unter den vorgedachten Bedingungen stattfindenden Verarbeitung ist unbedingte Voraussetzung der Steuerfreiheit. Bei der gewerbsmäßigen Ausdehnung des Verkaufs auf fremde Erzeugnisse nimmt der ganze Betrieb die Natur eines Handelsgeschäftes an und unterliegt der Steuerpflicht. Dagegen wird die gelegentliche, vereinzelte Verwendung fremder Erzeugnisse die Steuerpflicht nicht ohne Weiteres begründen.

Im Uebrigen kommt es, wenn nur sonst die Voraussetzungen der Steuerfreiheit vorhanden sind, nicht mehr, wie bisher, darauf an, ob der Verkauf von der Productionsstätte selbst oder von einem außerhalb derselben liegenden Verkaufslokale aus stattfindet. Nur im ersteren Falle war bisher Steuerfreiheit gewährt.

Wir heben noch hervor, daß sich die Steuerfreiheit des Absatzes selbstgewonnener Erzeugnisse der Landwirthschaft u. s. w. nicht auf die gewerbsmäßige Verabreichung von Nahrungsmitteln zum Genusse auf der Stelle erstrecken kann. Diese Form des Absatzes wird vielmehr, wie bisher, als Schank- und Speisewirthschaft stets der Steuerpflicht unterliegen (z. B. Milchkuranstalten). Eine Ausnahme hiervon findet statt für die Weinbauer, welche selbstgewonnenen Most oder Wein im Polizeibezirke ihres Weingutes oder Wohnortes nicht über drei (bisher zwei) Monate lang zum Genusse auf der Stelle verkaufen. Diese bleiben steuerfrei. Jedoch tritt die Steuerpflicht und zwar vom Beginne des Betriebes an ein, wenn die Frist von drei Monaten überschritten wird.

Nach den bisherigen Bestimmungen waren die Branntweinbrennereien durchweg von der Gewerbesteuer befreit. Nach dem neuen Gesetze bleiben nur noch diejenigen landwirthschaftlichen Branntweinbrennereien steuerfrei, welche ausschließlich Getreide oder Kartoffeln verarbeiten und bei deren Betriebe sämmtliche Rückstände in einer oder mehreren, den Brennereibesitzern gehörenden, oder von denselben betriebenen Wirthschaften verfüttert werden und der erzeugte Dünger vollständig auf dem den Brennereibesitzern gehörenden, oder von denselben bewirthschafteten Grund und Boden verwendet wird. Dieselben bleiben auch dann steuerfrei, wenn sie neben den selbstgewonnenen Erzeugnissen oder ausschließlich fremdes Getreide oder fremde Kartoffeln verarbeiten. Andere landwirthschaftliche Brennereien, deren Betrieb nicht unter den eben angeführten Bedingungen stattfindet, genießen hinfort nur dann noch Steuerfreiheit, wenn sie nur selbstgewonnene Erzeugnisse verarbeiten.

An der Steuerfreiheit des Bergbaus und der mit demselben verbundenen Aufbereitungsanstalten, Röstereien, Kokereien, Preßkohlen- nnd Briquettfabriken u. s. w. hat das neue Gesetz festgehalten. Voraussetzung bleibt jedoch nach wie vor, daß nur selbstgewonnene Erzeugnisse verarbeitet werden. Die ausschließliche oder auch nur theilweise Verarbeitung fremder Erzeugnisse begründet stets die Steuerpflicht. So sind z. B. Briquettfabriken, welche auch Erzeugnisse, die nicht in dem betreffenden Bergwerke gewonnen sind, verarbeiten, wie bisher steuerpflichtig.

Auch die Ausbeutung von Torfstichen, von Sand-, Kies-, Lehm-, Mergel-, Thon- und dergleichen Gruben, von Stein-, Schiefer-, Kalk-, Kreide- und dergleichen Brüchen, einschließlich des Absatzes des durch die Ausbeutung gewonnenen Materials,

Wir heben noch hervor, daß sich die Steuerfreiheit des Absatzes selbstgewonnener Erzeugnisse der Landwirthschaft u. s. w. nicht auf die gewerbsmäßige Verabreichung von Nahrungsmitteln zum Genusse auf der Stelle erstrecken kann. Diese Form des Absatzes wird vielmehr, wie bisher, als Schank- und Speisewirthschaft stets der Steuerpflicht unterliegen (z. B. Milchkuranstalten). Eine Ausnahme hiervon findet statt für die Weinbauer, welche selbstgewonnenen Most oder Wein im Polizeibezirke ihres Weingutes oder Wohnortes nicht über drei (bisher zwei) Monate lang zum Genusse auf der Stelle verkaufen. Diese bleiben steuerfrei. Jedoch tritt die Steuerpflicht und zwar vom Beginne des Betriebes an ein, wenn die Frist von drei Monaten überschritten wird.

Nach den bisherigen Bestimmungen waren die Branntweinbrennereien durchweg von der Gewerbesteuer befreit. Nach dem neuen Gesetze bleiben nur noch diejenigen landwirthschaftlichen Branntweinbrennereien steuerfrei, welche ausschließlich Getreide oder Kartoffeln verarbeiten und bei deren Betriebe sämmtliche Rückstände in einer oder mehreren, den Brennereibesitzern gehörenden, oder von denselben betriebenen Wirthschaften verfüttert werden und der erzeugte Dünger vollständig auf dem den Brennereibesitzern gehörenden, oder von denselben bewirthschafteten Grund und Boden verwendet wird. Dieselben bleiben auch dann steuerfrei, wenn sie neben den selbstgewonnenen Erzeugnissen oder ausschließlich fremdes Getreide oder fremde Kartoffeln verarbeiten. Andere landwirthschaftliche Brennereien, deren Betrieb nicht unter den eben angeführten Bedingungen stattfindet, genießen hinfort nur dann noch Steuerfreiheit, wenn sie nur selbstgewonnene Erzeugnisse verarbeiten.

An der Steuerfreiheit des Bergbaus und der mit demselben verbundenen Aufbereitungsanstalten, Röstereien, Kokereien, Preßkohlen- und Briquettfabriken u. s. w. hat das neue Gesetz festgehalten. Voraussetzung bleibt jedoch nach wie vor, daß nur selbstgewonnene Erzeugnisse verarbeitet werden. Die ausschließliche oder auch nur theilweise Verarbeitung fremder Erzeugnisse begründet stets die Steuerpflicht. So sind z. B. Briquettfabriken, welche auch Erzeugnisse, die nicht in dem betreffenden Bergwerke gewonnen sind, verarbeiten, wie bisher steuerpflichtig.

Auch die Ausbeutung von Torfstichen, von Sand-, Kies-, Lehm-, Mergel-, Thon- und dergleichen Gruben, von Stein-, Schiefer-, Kalk-, Kreide- und dergleichen Brüchen, einschließlich des Absatzes des durch die Ausbeutung gewonnenen Materials,

stehenden Bühnen sind aber steuerfrei. Ebenso unterliegen Veranstaltungen zu wohlthätigen und gemeinnützigen Zwecken nicht der Besteuerung. Baumeister, welche zugleich eine über die Grenze der Bauleitung hinausgehende Ausführung der Entwürfe, Pläne, Zeichnungen u. s. w. übernehmen, sind steuerpflichtig.

Die Steuerfreiheit der Lehrer erstreckt sich auf jede Art der unterrichtenden und erziehenden Thätigkeit in Wissenschaften, Künsten und Fertigkeiten, wenn diese Thätigkeit auch nicht als die Ausübung eines Amtes erscheint (selbstständige Sprach-, Musik-, Tanz-, Fecht-, Turn-, Schwimmlehrer u. s. w.). Das Halten von Pensionären beseitigt die Steuerfreiheit der Lehrer nicht.

Unter Aerzten sind nur die approbirten Aerzte (Wundärzte, Augenärzte, Geburtshelfer, Zahnärzte und Thierärzte) zu verstehen. Diese sind auch dann steuerfrei, wenn sie sich mit der Verabreichung von Arzneien in dem ihnen gestatteten Umfange, z. B. wenn sie sich mit dem Selbstdispensiren von homöopathischen Arzneimitteln befassen. Wenn sie aber andere Gegenstände gewerbsmäßig verkaufen, z. B. wenn Zahnärzte Zähne auf den Kauf verfertigen oder Zahntincturen, Bürsten u. dgl. an Andere als ihre Patienten vertreiben, sind sie steuerpflichtig; ebenso auch Thierärzte, welche sich mit der Verabreichung von Arzneimitteln gegen Entgelt an andere Personen, als die Besitzer der von ihnen behandelten Thiere, befassen. — Die Einrichtung und Unterhaltung von Kliniken und die Verpflegung der in denselben untergebrachten Kranken begründet die Steuerpflicht der Aerzte nicht, vorausgesetzt, daß sie in diesen Anstalten den Beruf als Arzt auch ausüben.

Die Ausübung der Heilkunde gegen Entgelt durch andere Personen als approbirte Aerzte, z. B. durch Naturärzte, Zahntechniker, Heilgehülfen, Hebeammen u. s. w. ist dagegen steuerpflichtig.

Schließlich sind der Gewerbesteuer nicht unterworfen Vereine, eingetragene Genossenschaften (Consum-, Vorschuß-, Creditvereine, Darlehnskassen, Volksbanken u. s. w.) und Corporationen, welche nur die eigenen Bedürfnisse ihrer Mitglieder an Geld, Lebensmitteln und anderen Gegenständen zu beschaffen bezwecken, wenn sie satzungsgemäß und thatsächlich ihren Verkehr auf ihre Mitglieder beschränken und keinen Gewinn unter ihre Mitglieder vertheilen, auch eine Vertheilung des aus dem Gewinne angesammelten Vermögens unter die Mitglieder für den Fall der Auflösung des Vereins ausschließen. Eine Ausdehnung des Verkehrs über den Kreis der Mitglieder hinaus wird jedoch nicht schon darin gefunden, wenn der Verein u. s. w. auch mit Nichtmitgliedern in Verbindung tritt, z. B. wenn ein Vorschußverein von anderen Banken Geld entnimmt, um die Darlehnsbedürfnisse seiner Mitglieder zu befriedigen, sondern findet erst dann statt, wenn auch Nichtmitglieder an den Zwecken des Vereins, zu deren Erreichung er gebildet ist, theilnehmen, z. B. bei einem Vorschußvereine Darlehen aufnehmen können.

Die bisherige Praxis ist hierdurch nur insofern geändert worden, als Steuerfreiheit denjenigen Consum-, Vorschuß-, Creditvereinen u. s. w. nicht mehr gewährt wird, welche einen erzielten Ueberschuß an die Mitglieder nach Verhältniß ihrer mit dem Vereine gemachten, dem Zwecke desselben entsprechenden Geschäfte vertheilen, oder für den Fall der Auflösung die Verwendung des aus dem Geschäftsgewinne angesammelten Vereinsvermögens zur Vertheilung an die Mitglieder oder zu einem gemeinnützigen Zwecke festsetzen.

Hervorzuheben ist, daß Consumvereine mit offenem Laden und ebenso Consumanstalten mit offenem Laden, welche von gewerblichen Unternehmern im Nebenbetriebe unterhalten werden, stets der Besteuerung unterliegen.

Molkereigenossenschaften, Winzervereine und andere Vereinigungen zur Bearbeitung und Verwerthung der selbstgewonnenen Erzeugnisse der Theilnehmer unterliegen der Gewerbesteuer nur unter denselben Voraussetzungen, unter welchen auch der gleiche Geschäftsbetrieb des einzelnen Mitgliedes hinsichtlich seiner selbstgewonnenen Erzeugnisse der Gewerbesteuer unterworfen ist.

Aus dem Vorstehenden wird jeder Gewerbetreibende leicht entnehmen können, ob und in welchem Umfange die von ihm betriebenen gewerblichen Unternehmungen steuerpflichtig sind. Wir gehen nun zu der Erörterung der Frage über, welche

Merkmale die Grundlage für die Veranlagung

überhaupt bilden.

Im Gegensatz zu der bisherigen Gewerbesteuereinrichtung ist fortan sowohl für die Bildung der Steuerklassen, als auch für die Bemessung des Steuersatzes in denselben nicht mehr der Umsatz und der Betriebsumfang, sowie das Vorhandensein gewisser äußerer Merkmale (Zahl der Pferde, Tragfähigkeit der Schiffe u. s. w.), sondern der Ertrag des Gewerbebetriebes und das Anlage- und Betriebskapital von entscheidender Bedeutung.

Untersuchen wir zunächst, was als Ertrag eines Gewerbebetriebes anzusehen ist.

Derselbe wird durch Abzug der Betriebskosten und gewisser zulässiger Abschreibungen von der Roheinnahme gefunden.

Als Roheinnahme ist die Summe aller im Gewerbebetriebe gemachten Einnahmen anzusehen. Dazu gehören insbesondere:

1) der erzielte Preis aller gegen Baarzahlung oder auf Credit verkauften Waaren;
2) die für geschäftliche oder gewerbliche Leistungen jeder Art bedungenen oder gewährten Provisionen, Zinsen oder sonstigen Gegenleistungen;
3) der Geldwerth der aus dem Betriebe zum Gebrauch oder Verbrauch des Gewerbetreibenden selbst, seiner Angehörigen oder sonstiger Hausgenossen entnommenen Waaren.

Als Betriebskosten sind abzugsfähig:

1) die Kosten der Unterhaltung der dem Betriebe dienenden Gebäude und sonstigen baulichen Anlagen, sowie zur Erhaltung und Ergänzung des vorhandenen lebenden und todten Betriebsinventars;
2) die Kosten für die Versicherung der zu 1) gedachten Gegenstände, sowie der Waarenvorräthe gegen Brand- und sonstigen Schaden;
3) der Pacht- und Miethzins für die Betriebs-Grundstücke, Gebäude und Utensilien;
4) die Ausgaben für die im Betriebe erforderliche Heizung und Beleuchtung;
5) die Anschaffungskosten für die eingekauften Roh- und Hülfsstoffe und Waaren, sowie für die sonst im Betriebe erforderlichen Materialien;
6) die Löhnung der für den Gewerbebetrieb angenommenen Angestellten, Gesellen, Gehülfen, Arbeiter baar oder in Naturalien, soweit diese nicht aus den Betriebsbeständen entnommen werden;
7) die für das Betriebspersonal gezahlten Beiträge zu den Kranken-, Unfall-, Alters- und Invalidenversicherungs-, Wittwen-, Waisen- und Pensionskassen;
8) die auf den Betriebsgrundstücken und dem Gewerbe haftenden Realabgaben und sonstigen öffentlichen Lasten, sowie die im Geschäftsbetriebe zu entrichtenden indirecten Abgaben (Zölle u. s. w.). Der Abzug von Einkommen- und sonstigen Personalsteuern sowie der Gewerbesteuer ist dagegen nicht gestattet.

Als abzugsfähig sind diejenigen Abschreibungen anzusehen, welche einer angemessenen (d. h. nach den Grundsätzen einer kaufmännischen Buchführung zu beurtheilenden) Berücksichtigung der Werthsverminderung entsprechen, insbesondre Abschreibungen für die Abnutzung von Gebäuden, Maschinen, Utensilien, Waaren u. dergl., für Substanzverminderung (z. B. bei Sand-, Kalk-, Thongruben), für unsichere Forderungen (sog. Delkrederefonds) und dgl. Bei Gegenständen, welche gänzlich aus dem Betriebe ausscheiden, kann die Differenz zwischen dem Buchwerthe und dem verbliebenen Werthe abgezogen werden, vorausgesetzt, daß letzterer niedriger als ersterer ist.

Dagegen dürfen von der Roheinnahme nicht abgezogen werden: Zinsen für das Anlage- und Betriebskapital, dasselbe mag dem Gewerbetreibenden selbst oder Dritten gehören, und für Schulden, welche behufs Anlage oder Erweiterung des Geschäfts- — Zinsen für laufende Geschäftsschulden sind aber abzugsfähig —, Verstärkung des Betriebskapitals oder zu sonstigen Verbesserungen aufgenommen sind. Kapitalsverluste, Ausgaben für Tilgung der Schulden und des Anlagekapitals, Aufwendungen für Verbesserung und Erweiterung des Betriebes sind ebenfalls nicht abzugsfähig. Auch Rücklagen in Reservefonds dürfen der Regel nach von der Bruttoeinnahme nicht abgezogen werden.

Selbstverständlich sind Ausgaben für den Unterhalt des Gewerbetreibenden und seiner Angehörigen nicht abzugsfähig. Nur wenn die letzteren Personen im Gewerbebetriebe angestellt und dem Gewerbetreibenden gegenüber nicht alimentationsberechtigt sind, können die ihnen vertragsmäßig zugesicherten Bezüge (Gehalt, Lohn, Beköstigung u. s. w.) in Abzug gebracht werden.

Für die Berechnung des Ertrages bei den nur zum Theil in Preußen steuerpflichtigen Gewerbebetrieben gelten außerdem noch folgende Bestimmungen:

Bei den inländischen Gewerben, welche gleichzeitig außerhalb Deutschlands einen stehenden Betrieb unterhalten, wird für die in Preußen befindliche Geschäftsleitung ein angemessener Theil des im Auslande erzielten Ertrags in Ansatz gebracht. Dieser Theil ist bei den inländischen Gewerben, welche in anderen Bundesstaaten einen stehenden Betrieb errichtet haben, zur Vermeidung von weitläufigen Erörterungen auf ein Zehntel des daselbst erzielten Ertrages anzunehmen, soweit nicht die Vorschrift des Reichsgesetzes wegen Beseitigung der Doppelbesteuerung vom 13. Mai 1870 (B.-G.-Bl. S. 119) entgegensteht. Die Vorschrift lautet: der Betrieb eines Gewerbes und das aus dieser Quelle herrührende Einkommen darf nur von demjenigen Bundesstaate besteuert werden, in welchem das Gewerbe betrieben wird. Den Bundesstaaten stehen das Reichsland Elsaß-Lothringen und die deutschen Schutzgebiete gleich.

Das **Anlage- und Betriebskapital** umfaßt sämmtliche dem betreffenden Gewerbebetriebe dauernd gewidmeten Werthe. Hierbei wird ein Unterschied zwischen dem eigenen Kapital des Gewerbetreibenden und dem von dritten Personen entnommenen Kapitale nicht gemacht.

Zum Anlage- und Betriebskapitale gehören insbesondere die dem Gewerbebetriebe dienenden Grundstücke, Gebäude, Maschinen, Utensilien, Thiere und Futtervorräthe, fertige Waaren, Roh- und Hülfsstoffe, Geld, Werthpapiere, Activgeschäftsaußenstände, gewerbliche Berechtigungen (Realschankgerechtigkeit, Realprivilegien der Apotheker, u. s. w.) und sonstige Rechte auf Gebrauch oder Nutzung fremder Grundstücke, Wege, Kanäle, Seen, Flüsse u. dgl.

Nur die dem Betriebe dauernd gewidmeten Werthe gehören zum Anlage- und Betriebskapital, also nicht die nur vorübergehend einem Geschäfte überlassenen Werthe, wie z. B. Geldmittel aus dem Kontokorrentverkehr oder den Depositen eines Bankgeschäftes.

Als selbstverständlich soll hier noch erwähnt werden, daß bei den nur zum Theil in Preußen steuerpflichtigen Gewerbebetrieben als Anlage- und Betriebskapital nur in Ansatz gebracht werden

> die dem in Preußen befindlichen Betriebe speziell gewidmeten Werthe und außerdem ein entsprechender Antheil an den in keiner besonderen Beziehung zu den einzelnen Betriebsstätten stehenden, dem gesammten Gewerbebetriebe dienenden Anlage- und Betriebskapitalien, also insbesondere ein entsprechender Antheil an den zur Verfügung der Geschäftsleitung stehenden Fonds (Betriebs- und Reservefonds), und an dem Werthe der der Geschäftsleitung dienenden Gebäude und Utensilien.

Maßgebend für die Steuerveranlagung ist der Ertrag des bei Vornahme derselben abgelaufenen Jahres bezw. das Anlage- und Betriebskapital nach seinem mittleren Stande im abgelaufenen Jahre. Unter „Jahr" ist bei Gewerbebetrieben mit ordnungsmäßiger Buchführung das Geschäftsjahr, bei den übrigen Gewerbebetrieben das Kalenderjahr (bei der Veranlagung für das Steuerjahr 1893/94 also das Kalenderjahr 1892) zu verstehen. Bei Gewerbebetrieben, welche noch nicht ein Jahr lang bestehen, wird der muthmaßliche Jahresbetrag des Ertrages und des Betriebskapitals bei der erstmaligen Veranlagung in Betracht gezogen.

Zu bemerken ist noch, daß während des Steuerjahrs hinsichtlich des Ertrages und des Anlage- und Betriebskapitals eintretende Veränderungen, (Erhöhungen oder Verminderungen) erst bei der Besteuerung für das folgende Jahr berücksichtigt werden.

Die Besteuerung der Gewerbe erfolgt auch in Zukunft in

Gewerbesteuerklassen,

die aber nicht, wie bisher, nach der Art des Gewerbes, sondern in erster Linie nach der Höhe des Ertrages und daneben nach der Höhe des Anlage- und Betriebskapitals bestimmt werden. Das Anlage- und Betriebskapital ist auf die Einreihung eines Gewerbebetriebes in eine Steuerklasse nur dann von entscheidendem Einfluß, wenn unter Zugrundelegung des Ertrages eine niedrigere Steuerklasse, als bei Berücksichtigung des Anlage- und Betriebskapitals, bedingt würde. (Z. B. nach dem Ertrage würde ein Gewerbebetrieb zu der Steuerklasse III gehören, derselbe ist aber mit Rücksicht auf die Höhe des Anlage- und Betriebskapitals der Steuerklasse II zuzuweisen).

Gewerbesteuerklassen sind vier gebildet:

In Klasse I sind diejenigen Betriebe zu besteuern, deren jährlicher Ertrag 50 000 Mark oder mehr, oder bei denen der Werth des Anlage- und Betriebskapitals 1,000 000 Mark oder mehr beträgt.

Die Gewerbesteuerklasse II umfaßt die Betriebe mit einem jährlichen Ertrage von 20 000 bis ausschließlich 50 000 Mark, oder mit einem Anlage- und Betriebskapitale im Werthe von 150 000 bis ausschließlich 1,000 000 Mark.

Zur Gewerbesteuerklasse III gehören die Betriebe mit einem jährlichem Ertrage von 4 000 bis ausschließlich 20 000 Mark, oder mit einem Anlage- und Betriebskapitale im Werthe von 30 000 bis ausschließlich 150 000 Mark.

Zur Gewerbesteuerklasse IV gehören die Betriebe mit einem jährlichen Ertrage von 1 500 bis ausschließlich 4 000 Mark, oder mit einem Anlage- und Betriebskapitale im Werthe von 3 000 bis ausschließlich 30 000 Mark.

Die Betriebe mit einem geringeren Ertrage als 1 500 Mark oder mit einem geringeren Anlage- und Betriebskapitale als 3 000 Mark sind, wie bereits oben bemerkt, gänzlich von der allgemeinen Gewerbesteuer befreit. Aber gewisse Betriebe dieser Art unterliegen, wie wir weiter unten sehen werden, der sog. Betriebssteuer.

Für jede einzelne Steuerklasse sind besondere

Steuersätze

festgesetzt worden, für deren Anwendung hinsichtlich der nach dem Ertrage — nicht nach dem Anlage- und Betriebskapitale — klassifizirten Gewerbebetriebe aller Klassen Eins vom Hundert des Ertrags die zulässige Maximalsteuer bildet.

In der Steuerklasse I ist von jedem einzelnen Gewerbetreibenden die Steuer durchweg mit Einem vom Hundert des jährlichen Ertrags mit der Maßgabe zu entrichten, daß bei einem Ertrage von 50 000 bis ausschließlich 54 800 Mark die Steuer 524 Mark beträgt und für die höheren, in Stufen von je 4800 Mark steigenden Erträge die Steuersätze in Stufen von je 48 Mark steigen.

Die Steuer beträgt demnach jährlich bei einem Ertrage

von Mark	bis ausschließlich Mark	Mark
50 000	54 800	524
54 800	59 600	572
59 600	64 400	620
64 400	69 200	668
69 200	74 000	716
74 000	78 800	764
78 800	83 600	812
83 600	88 400	860
88 400	93 200	908
93 200	98 000	956
98 000	102 800	1004
102 800	107 600	1052
107 600	112 400	1100
112 400	117 200	1148
117 200	122 000	1196
122 000	126 800	1244
126 800	131 600	1292
131 600	136 400	1340
136 400	141 200	1388
141 200	146 000	1436
146 000	150 800	1484
150 800	155 600	1532

von Mark	bis ausschließlich Mark	Mark
155 600	160 400	1580
160 400	165 200	1628
165 200	170 000	1676
170 000	174 800	1724
174 800	179 600	1772
179 600	184 400	1820
184 400	189 200	1868
189 200	194 000	1916
194 000	198 800	1964
198 800	203 600	2012
203 600	208 400	2060
208 400	213 200	2108
213 200	218 000	2156
218 000	222 800	2204
222 800	227 600	2252
227 600	232 400	2300
232 400	237 200	2348
237 200	242 000	2396
242 000	246 800	2444
246 800	251 600	2492
251 600	256 400	2540
256 400	261 200	2588
261 200	266 000	2636
266 000	270 800	2684
270 800	275 600	2732
275 600	280 400	2780
280 400	285 200	2828
285 200	290 000	2876
290 000	294 800	2924
294 800	299 600	2972
299 600	304 400	3020
und so fort um je 4800 Mark steigend.		um je 48 Mark steigend.

Ist die Zuweisung eines Gewerbes zur Klasse I nur durch die Höhe des Anlage- und Betriebskapitals erfolgt, so kommen geringere Steuersätze als 524 Mark, jedoch nicht unter 300 Mark, zur Anwendung. Diese Steuersätze sind bei einem jährlichen Ertrage

von Mark	bis ausschließlich Mark	Mark
48 000	50 000	480
44 400	48 000	444
40 800	44 400	408
37 200	40 800	372
33 600	37 200	336
von weniger als	33 600	300

Außerdem steht es dem Steuerpflichtigen der Klasse I frei, die Versetzung in die dem Ertrage entsprechende niedrigere Steuerklasse zu verlangen, wenn der erzielte Ertrag seines Gewerbebetriebes nachweislich zwei Jahre lang die Höhe von 30 000 Mark nicht erreicht hat. Dasselbe Recht steht auch den lediglich nach der Höhe des Anlage- und Betriebskapitals den Steuerklassen II und III zugewiesenen Steuerpflichtigen zu, wenn der erzielte Ertrag nachweislich zwei Jahre lang in der Klasse II die Höhe von 15 000 Mark, in der Klasse III die Höhe von 3 000 Mark nicht erreicht hat. Den steuerpflichtigen Consumvereinen und Consumanstalten ist jedoch diese Berechtigung nicht eingeräumt.

Anders, als in der Klasse I, findet die Besteuerung in den übrigen Klassen statt.

Während nämlich, wie aus dem Vorstehenden hervorgeht, für die Klasse I die Besteuerung nach Mittelsätzen keine Anwendung findet, weil in derselben so bedeutende, fast unbegrenzte Unterschiede zwischen den einzelnen Gewerbebetrieben vorkommen, daß die Auffindung eines angemessenen Mittelsatzes nicht möglich war, ist für die Klassen II bis IV dieser Besteuerungsmodus beibehalten worden.

Die Mittelsätze betragen

für die Klasse II	300	Mark;
für die Klasse III	80	"
für die Klasse IV	16	"

Unter Zugrundelegung dieser Sätze wird zunächst das von jeder der Klassen II bis IV aufzubringende Jahressoll festgestellt und dasselbe sodann auf die einzelnen Steuerpflichtigen unter Berücksichtigung der gesetzlich vorgeschriebenen Steuersätze nach dem zu ermittelnden oder zu schätzenden Ertrage der Gewerbebetriebe derselben vertheilt.

Das zu vertheilende Jahressoll jeder der Klassen II—IV ergiebt sich durch Multiplication des Mittelsatzes der Klasse mit der Anzahl der derselben zugewiesenen Steuerpflichtigen, jedoch abzüglich beziehungsweise zusätzlich des durch Entscheidungen über eingelegte

Rechtsmittel verursachten Zu- beziehungsweise Abgangs gegen die Veranlagung des Vorjahrs. Die auf diese Weise gefundene Steuersumme wird schließlich auf den durch die zulässigen Steuersätze darstellbaren Betrag abgerundet.

Die bei der Steuervertheilung zulässigen geringsten und höchsten Steuersätze betragen:

in der Klasse II	156—480 Mark
in der Klasse III	32—192 „
in der Klasse IV	4— 36 „

Die Steuersätze sollen bis zu 40 Mark um je 4 Mark, von da ab bis 96 Mark um je 8 Mark, weiter bis 192 Mark um je 12 Mark und weiter bis zu 480 Mark um je 36 Mark steigend abgestuft werden.

Die zulässigen Steuersätze für die einzelnen Klassen sind hiernach folgende:

für die Klasse IV: 4, 8, 12, 16, 20, 24, 28, 32, 36 Mark;
für die Klasse III: 32, 36, 40, 48, 56, 64, 72, 80, 88, 96, 108, 120, 132, 144, 156, 168, 180, 192 Mark;
für die Klasse II: 156, 168, 180, 192, 228, 264, 300, 336, 372, 408, 444, 480 Mark.

Die Besteuerung erfolgt, wie bisher, in dem Veranlagungsbezirke, in welchem das Gewerbe betrieben wird.

Findet der Betrieb desselben Gewerbes, oder der Betrieb mehrerer, auch verschiedenartiger, Gewerbe derselben Person in mehreren Veranlagungsbezirken statt, so erfolgt die Besteuerung in dem Bezirke, in welchem die Geschäftsleitung des Unternehmens ihren Sitz hat.

Für diejenigen Geschäfte, deren Leitung sich außerhalb Preußens befindet, tritt naturgemäß an Stelle des Leitungssitzes der Wohnsitz des im Inlande bestellten Veertreters.

Erforderlichenfalls wird der Veranlagungsort vom Finanzminister bestimmt.

In Vorstehendem haben wir von der Gewerbesteuer, welcher sämmtliche steuerpflichtige Gewerbebetriebe unterliegen, gesprochen. Neben dieser allgemeinen Gewerbesteuer hat das Gesetz noch eine besondere Gewerbeabgabe, die sog. **Betriebssteuer,** eingeführt.

Bisher wurden nämlich die Gewerbebetriebe der Gast-, Schank- und Speisewirthschaft in einer besonderen Steuerklasse (C) besteuert. Der gleichen Besteuerung unterlag das gewerbsmäßig betriebene Vermiethen von wenigstens drei möblirten Zimmern. Von dem Betriebe der Gast-, Schank- und Speisewirthschaft als Nebengewerbe des Handels war außer der Handelssteuer noch die Steuer der Gast-, Schank- und Speisewirthe als besondere Gewerbesteuer zu entrichten. Endlich war der als Nebengewerbe auf Grund besonderer Erlaubniß betriebene Kleinhandel mit geistigen Getränken (Branntwein und Spiritus) und der Kleinhandel mit Wein stets mit der Handelssteuer (Mittelsatz der Klasse B) als besonderen Steuer belegt.

Nach dem neuen Gewerbesteuergesetze wird nun von einer besonderen Besteuerung der Speisewirthschaft, des gewerbsmäßig betriebenen Vermiethens möblirter Zimmer und des Kleinhandels mit Wein Abstand genommen. Dagegen wird für die Betriebe der Gastwirthschaft, der Schankwirthschaft und des Kleinhandels mit Branntwein oder Spiritus, mögen dieselben als Haupt- oder Nebengewerbe betrieben werden, eine besondere gewerbliche Steuer, Betriebssteuer genannt, erhoben.

Dieselbe ist von den zur allgemeinen Gewerbesteuer herangezogenen Gewerbetreibenden neben dieser zu entrichten und erstreckt sich auch auf diejenigen Gewerbetreibenden, welche wegen eines hinter der Grenze der Steuerpflicht zurückbleibenden Ertrages (1500 Mark) und Anlage- und Betriebskapitals (3000 Mark) von der allgemeinen Gewerbesteuer befreit sind.

Die Betriebssteuer beträgt im letzteren Falle jährlich 10 Mark; für diejenigen Gewerbetreibenden, welche zur allgemeinen Gewerbesteuer veranlangt sind, beträgt sie jährlich

in der Klasse IV	15	Mark
in der Klasse III	25	„
in der Klasse II	50	„
in der Klasse I	100	„

Wenn die Heranziehung zur Betriebssteuer jedoch lediglich durch einen vorübergehenden, bei außergewöhnlichen Gelegenheiten (Festen, Truppenzusammenziehungen und dergl.) stattfindenden Gewerbebetrieb bedingt ist, kann ausnahmsweise auf Antrag des Steuerpflichtigen der Betrag der Betriebssteuer bis auf den Satz von 5 Mark herabgesetzt werden. Ein Recht, die Herabsetzung zu verlangen, ist dem Steuerpflichtigen nicht gegeben.

Die Betriebssteuer ist bei allen Betrieben, welche geistige Getränke verabfolgen, für jede Betriebsstätte besonders zu entrichten.

Ausdrücklich wird hervorgehoben, daß die Betriebssteuer eine Jahressteuer, d. h. für mindestens ein Jahr zu entrichten ist, gleichviel ob der Betrieb auch ein ganzes Jahr oder kürzere Zeit dauert. Demnach findet auch eine Erstattung der Betriebssteuer wegen Einstellung des Betriebes im Laufe des Steuerjahres nicht statt.

Wir gehen nun dazu über, den Gewerbetreibenden diejenigen **Verpflichtungen** vorzuführen, deren Erfüllung ihnen beim Beginne, beim Aufhören und während der Ausübung des Gewerbebetriebes aufgelegt sind.

Wie bisher, muß derjenige, welcher den Betrieb eines stehenden Gewerbes, derselbe mag steuerfrei oder steuerpflichtig sein, anfängt, der Gemeindebehörde des Ortes, wo solches geschieht, (für Berlin der Königlichen Direction für die Verwaltung der directen Steuern), vorher oder spätestens gleichzeitig mit dem Beginne schriftlich oder zu Protocoll Anzeige davon machen. Die unveränderte — d. h. ohne wesentliche Veränderung stattfindende — Fortsetzung eines stehenden Gewerbebetriebes durch eine andere Person als den bisherigen Gewerbetreibenden (z. B. im Falle der Vererbung, Verpachtung, Veräußerung des Geschäftes), ferner die Verlegung eines solchen in einen anderen Veranlagungsbezirk steht dem Beginne eines neuen Gewerbes gleich. Auch derjenige Gewerbetreibende, welcher neben seinem bisherigen Gewerbe oder an Stelle desselben einen neuen Betrieb eröffnet, ist zur Anzeige des letzteren verpflichtet.

Das Aufhören eines steuerpflichtigen Gewerbes ist der Hebestelle d. h. derjenigen Kasse, zu welcher die Steuer entrichtet wird, schriftlich anzuzeigen. Dem Aufhören steht die Abgabe eines steuerpflichtigen Gewerbebetriebes an einen anderen Gewerbetreibenden gleich. Die Unterlassung der Anzeige zieht der Regel nach die Verpflichtung zur Fortentrichtung der Steuer Seitens des bisherigen Gewerbetreibenden neben seinem Nachfolger nach sich.

Die Steuerpflicht beginnt nicht mehr, wie bisher, mit dem ersten Tage des Monats, in welchem das Gewerbe angefangen wird, sondern mit dem Anfange des auf die Eröffnung des Betriebs folgenden Kalendervierteljahres und dauert bis zum Ende desjenigen Kalendervierteljahres, in welchem das Gewerbe aufgegeben und abgemeldet wird.

Die Verpflichtung zur Entrichtung der Steuer umfaßt den Zeitraum mindestens eines Vierteljahrs, bei der Betriebssteuer mindestens eines Jahres. Betriebe, welche in demselben Kalendervierteljahre begonnen und aufgegeben und an- und abgemeldet werden, sind daher zur Entrichtung der Steuer für das volle Kalendervierteljahr verpflichtet.

Eine zeitweilige, durch die Natur des Gewerbes bedingte Unterbrechung (sog. ruhende Gewerbe, z. B. Gastwirthe in Brunnen- und Badeorten, Bauhandwerker u. s. w.) befreit nicht von der Steuerverpflichtung in der Zwischenzeit bis zur Wiederaufnahme des Betriebs im Laufe desselben und des nächstfolgenden Jahres.

Was vorstehend über den Beginn und die Beendigung der Steuerpflicht gesagt ist, findet sinngemäße Anwendung auf diejenigen Gewerbebetriebe, bei denen ein auf der ausdrücklichen Bestimmung des Gesetzes beruhender Befreiungsgrund eintritt oder in Fortfall kommt. Die Steuerpflicht eines ausdrücklich befreiten Gewerbebetriebes beginnt also mit dem Anfange desjenigen Kalendervierteljahres, welches auf das Kalendervierteljahr folgt, in welchem der gesetzliche Befreiungsgrund weggefallen ist. Umgekehrt dauert die Steuerpflicht eines besteuerten Gewerbebetriebes bis zum Ende desjenigen Kalendervierteljahres, in welchem ein gesetzlicher Grund für die Befreiung eintritt. Dagegen tritt bei denjenigen Gewerbebetrieben, welche allgemein, also wegen eines hinter der Grenze der Steuerpflicht zurückbleibenden Ertrags und Anlage- und Betriebskapitals von der Steuer befreit sind, aber eine Erhöhung des Ertrages auf 1500 Mark oder des Anlage- und Betriebskapitals auf 3000 Mark und darüber erfahren, die Steuerpflicht erst vom Beginne des nächsten Steuerjahrs ab ein. Umgekehrt rechtfertigt eine Verminderung des Ertrags und des Anlage- und Betriebskapitals unter den die Steuerpflicht bedingenden Mindestbetrag die Steuerbefreiung erst vom nächsten Steuerjahre ab.

Behufs Erreichung einer den wirklichen Verhältnissen möglichst entsprechenden und gerechten Veranlagung hat das neue Gewerbesteuergesetz eine beschränkte **Declarationspflicht** eingeführt.

Es ist nämlich jeder Gewerbetreibende verpflichtet, auf Aufforderung des Gemeindevorstandes oder des Vorsitzenden der zuständigen Veranlagungsbehörde (Steuerausschuß), innerhalb einer bestimmten, mindestens einwöchigen Frist schriftlich zu erklären,

welches oder welche Gewerbe er treibt und zu treiben beginnt,
welche Betriebsstätten er unterhält,
welche Gattungen und wie viele Hülfspersonen, Gehülfen und Arbeiter,
und welche Gattung und wie viele Maschinen einschließlich der Motoren im Gewerbebetrieb verwendet werden,

und andere auf die äußerlich erkennbaren Merkmale des Betriebs gerichtete Fragen wahrheitsgemäß zu beantworten.

Ferner ist jeder Gewerbetreibende auf besondere Aufforderung des Vorsitzenden der zuständigen Veranlagungsbehörde (nicht auch des Gemeindevorstandes) verpflichtet, in verschlossenem Schreiben oder mündlich zu Protocoll zu erklären, ob der jährliche Ertrag seines Gewerbetriebs

	1 500	bis ausschließlich	4 000	Mark
oder	4 000	bis ausschließlich	20 000	Mark
oder	20 000	bis ausschließlich	50 000	Mark
oder	50 000	Mark oder mehr beträgt,		

und ob der Werth des Anlage- und Betriebskapitals

	3 000	bis ausschließlich	30 000	Mark
oder	30 000	bis ausschließlich	150 000	Mark
oder	150 000	bis ausschließlich	1 000 000	Mark
oder	1 000 000	Mark oder mehr beträgt.		

Das Gesetz läßt jedoch in denjenigen Fällen, in welchen es sich um einen nur durch Schätzung zu ermittelnden Ertrag handelt, zu, daß dem Steuerpflichtigen auf seinen Antrag gestattet wird, statt der vorbezeichneten ziffernmäßigen Angabe, diejenigen Nachweisungen zu geben, deren die Veranlagungsbehörde zur Schätzung des Ertrags bedarf. Ob ein solcher Fall vorliegt, darüber hat die Veranlagungsbehörde zu entscheiden.

Die Gewerbetreibenden sind weiter verpflichtet, dem Vorsitzenden der Veranlagungsbehörde oder einer von diesem bestimmten anderen Person — ohne Zustimmung der Gewerbetreibenden können nur Staatsbeamte bestimmt werden — eine Besichtigung der gewerblichen Anlagen, Betriebsstätten und Vorräthe während der Arbeitsstunden zu gestatten. Zur Offenbarung von Geschäftsgeheimnissen ist jedoch kein Gewerbetreibender verpflichtet. Ebenso kann kein Gewerbetreibender gezwungen werden, seine Geschäftsbücher der Veranlagungsbehörde vorzulegen.

Juristische Personen, Actiengesellschaften, Commanditgesellschaften auf Actien, eingetragene Genossenschaften und alle zur öffentlichen Rechnungslegung verpflichteten gewerblichen Unternehmungen haben außerdem ihre Geschäftsberichte und Jahresabschlüsse, sowie die darauf bezüglichen Beschlüsse der Generalversammlungen bis zu einem noch bekannt zu gebenden Termine alljährlich der Bezirksregierung einzureichen.

Im Uebrigen können wir jedem Gewerbetreibenden in seinem eigenen Interesse nur dringend empfehlen, von jeder Veränderung der Firma, der Inhaber, des Gewerbebetriebs, des Geschäftslokals, der Betriebsstätten u. s. w. seiner Veranlagungsbehörde Mittheilung zu machen.

Die Nichterfüllung der vorbezeichneten Verpflichtungen zieht strenge Geldstrafe nach sich.

Für die Erfüllung derselben haftet der Inhaber des Gewerbebetriebes, gleichviel ob er denselben in eigener Person oder durch Beauftragte ausübt. Bei Gewerben, welche von mehreren Personen gemeinschaftlich betrieben werden, haften die Theilnehmer solidarisch. Bei Actiengesellschaften und sonstigen durch einen Vorstand vertretenen Gesellschaften, Genossenschaften u. s. w. und bei juristischen Personen haftet der Vorsitzende und jedes Mitglied des geschäftsführenden Vorstandes. Bei Actiengesellschaften haftet also nicht der Aufsichtsrath, sondern es haften die aus dem Handelsregister zu ersehenden Personen, denen die verantwortliche Geschäftsführung obliegt. — Bei Commanditgesellschaften und bei Commanditgesellschaften auf Actien haften die persönlich haftenden Gesellschafter. — Für Personen, welche unter väterlicher Gewalt, Pflegschaft oder Vormundschaft stehen, haften deren gesetzliche oder bestellten Vertreter (Vater, Pfleger, Vormund, Gegenvormund). — Bei denjenigen Unternehmungen, welche außerhalb Preußens ihren Sitz haben, aber in Preußen einen steuerpflichtigen stehenden Gewerbebetrieb durch Errichtung von Zweigniederlassungen, Fabrikationsstätten u. s. w. unterhalten, haften die innerhalb Preußens wohnenden Vertreter.

Hier ist noch zu erwähnen, daß der Verpächter eines Gewerbebetriebes für die Steuer des laufenden Jahres zusammen mit dem Pächter solidarisch, ersterer aber keinesfalls darüber hinaus haftet.

Die Erfüllung der Verpflichtung Seitens Eines der dafür Haftenden befreit die Uebrigen von ihrer Verbindlichkeit.

Nach Erörterung der für die Besteuerung der stehenden Gewerbebetriebe maßgebenden Grundsätze wenden wir uns zu den **Organen**, denen die Veranlagung obliegt, und schließen daran eine Darstellung der den Steuerpflichtigen gegen das ihnen bekannt gemachte Ergebniß der Veranlagung zustehenden **Rechtsmittel.**

Veranlagungsbezirke bilden fortan
für Klasse I die Provinz,
für Klasse II der Regierungsbezirk,
für Klasse III und IV die Kreise (Stadtkreise und Landkreise).

Die Stadt Berlin bildet für jede Klasse einen Veranlagungsbezirk.

Durch Bestimmung des Finanzministers können innerhalb der Provinz für Klasse I, des Regierungsbezirks für Klasse II und des Kreises für die Klassen III und IV, sowie innerhalb der Stadt Berlin für jede Klasse mehrere Veranlagungsbezirke gebildet werden. In gleicher Weise können für die Klassen III und IV mehrere Kreise zu einem Veranlagungsbezirke vereinigt werden.

Zum Zwecke der Veranlagung der Gewerbesteuer wird in jedem Veranlagungsbezirke für jede Klasse eine besondere Veranlagungsbehörde, **Steuerausschuß** genannt, gebildet.

Die Steuerausschüsse bestehen aus einem Vorsitzenden, welchen in der Klasse I der Finanzminister, in den Klassen II—IV die Bezirks-Regierung ernennt, und aus einer Anzahl von Mitgliedern. Die letzteren werden in der Klasse I zu zwei Dritteln vom Provinzialausschuß (in Berlin vom Magistrat und von der Stadtverordnetenversammlung in gemeinschaftlicher Sitzung) aus den Gewerbetreibenden des Veranlagungsbezirks, aber ohne Beschränkung hinsichtlich der Steuerklasse, zu welcher sie gehören, für 3 Jahre gewählt, zu einem Drittel vom Finanzminister ernannt. Die Ernennung kann sich auch auf Nichtgewerbetreibende (Staats-, Kommunal-Beamte, ehemalige Gewerbetreibende), bei denen eine hervorragende Kenntniß der gewerblichen Verhältnisse anzunehmen und von denen eine erfolgreiche Mitwirkung an der Veranlagung zu erwarten ist, erstrecken. Die Mitglieder für die Steuerausschüsse der Klassen II—IV, Abgeordnete genannt, werden innerhalb des Veranlagungsbezirks von den Steuerpflichtigen einer jeden Klasse, die als solche zu je einer Steuergesellschaft vereinigt sind, aus ihrer Mitte für drei Jahre gewählt. Für sämmtliche Vorsitzende und Mitglieder der Steuerausschüsse werden Stellvertreter ernannt bezw. gewählt.

Wählbar sind nur solche männliche Mitglieder, welche das fünfundzwanzigste Lebensjahr vollendet haben und sich im Besitze der bürgerlichen Ehrenrechte befinden. Von mehreren Inhabern eines Geschäftes ist nur Einer wählbar und zur Ausübung der Wahlbefugniß verstattet. Actien- und ähnliche Gesellschaften üben die Wahlbefugniß durch einen von dem geschäftsführenden Vorstande zu bezeichnenden Beauftragten aus; wählbar ist von den Mitgliedern des geschäftsführenden Vorstandes nur Eines. Minderjährige und Frauen können die Wahlbefugniß durch Bevollmächtigte ausüben; wählbar sind letztere nicht. Niemand darf mehr als eine Stimme abgeben. Die Uebertragung des Stimmrechts ist unzulässig.

Zur Ablehnung der Wahl berechtigen nur folgende Gründe:

1) anhaltende Krankheit;
2) Geschäfte, die eine häufige oder lange dauernde Abwesenheit vom Wohnorte mit sich bringen;
3) das Alter von 60 Jahren;
4) die Verwaltung eines unmittelbaren Staatsamtes;
5) sonstige besondere Verhältnisse, welche eine gültige Entschuldigung begründen.

Die Wiederwahl kann außerdem ablehnen, wer drei Jahre lang Mitglied oder Stellvertreter in einem Steuerausschusse gewesen ist, aber nur für die vom Ablauf der Wahlperiode gerechneten nächsten drei Jahre.

Nunmehr erübrigt noch, den Steuerpflichtigen, die sich durch die Veranlagung ihres Gewerbebetriebs überbürdet halten, den Weg zu zeigen, welchen sie einschlagen müssen, um eine ihren thatsächlichen Verhältnissen entsprechende und zutreffende Veranlagung herbeizuführen. Wir unterlassen es hierbei nicht, denjenigen, welche diesen Weg zu betreten sich entschließen, recht sehr zu empfehlen, doch vorerst sorgfältig und gewissenhaft zu prüfen, ob sie auch wohl den beabsichtigten Zweck erreichen werden. Denn abgesehen davon, daß unbegründete und ungerechtfertigte Vorstellungen keinen Erfolg haben und den Behörden viele nutzlose Mühe verursachen und kostbare Zeit nehmen, setzt sich der betreffende Steuerpflichtige auch der Gefahr aus, daß die durch die Erörterung solcher Vorstellungen entstehenden Kosten ihm auferlegt werden. Auf der anderen Seite aber wird eine begründete Vorstellung dem Steuerpflichtigen auch zu seinem guten Rechte verhelfen.

Gegen das jedem Steuerpflichtigen durch eine besondere verschlossene Zuschrift Seitens des Vorsitzenden des Steuerausschusses mitgetheilte Ergebniß der Veranlagung ist zunächst das Rechtsmittel des Einspruchs bei dem Steuerausschusse gegeben. Gegen des letzteren Entscheidung steht dem Steuerpflichtigen die Berufung an die Bezirksregierung zu. Will und kann sich der Steuerpflichtige auch bei deren Entscheidung nicht beruhigen, so ist ihm noch das Rechtsmittel der Beschwerde an das Oberverwaltungsgericht gegeben.

Einspruch und Berufung sind bei dem Vorsitzenden des Steuerausschusses, die Beschwerde ist bei der Bezirksregierung schriftlich oder zu Protocoll anzubringen. Es ist Sache des Steuerpflichtigen, die zur Begründung des ergriffenen Rechtsmittels dienenden Thatsachen und Beweismittel selbst anzuführen. Zu bemerken und zu beachten ist, daß die Beschwerde nur darauf gestützt werden kann,

daß die angefochtene Entscheidung auf der Nichtanwendung oder auf der unrichtigen Anwendung des bestehenden Rechts, insbesondere auch der von den Behörden innerhalb ihrer Zuständigkeit erlassenen Verordnungen beruhe;
oder daß das Verfahren an wesentlichen Mängeln leide.

Die Beschwerdeschrift muß die Angabe enthalten, worin die behauptete Nichtanwendung oder unrichtige Anwendung des bestehenden Rechts 2c. oder worin die behaupteten Mängel des Verfahrens gefunden werden.

Mit den Rechtsmitteln kann sowohl die Steuerpflichtigkeit des Gewerbebetriebes überhaupt, als auch die Bestimmung der Steuerklasse und die Höhe des Steuersatzes angefochten werden. Eine Anfechtung der Höhe des Steuersatzes ist aber, wie ausdrücklich zu bemerken ist, für diejenigen Steuerpflichtigen der Klassen II bis IV ganz ohne Aussicht auf Erfolg, welche im Laufe des Steuerjahrs in Zugang kommen, und zwar deshalb, weil dieselben für das Jahr ihres Zugangs stets den Mittelsatz der betreffenden Klasse zu entrichten haben. Dagegen können diese Steuerpflichtigen sowohl die Steuerpflichtigkeit ihrer Betriebe überhaupt als auch die Zuweisung derselben zu einer bestimmten Steuerklasse sehr wohl mit den Rechtsmitteln anfechten.

Jedes der vorgedachten Rechtsmittel ist binnen einer Ausschlußfrist von vier Wochen anzubringen. Die Frist beginnt mit dem Tage, welcher auf den Tag der Zustellung der Steuerzuschrift bezw. der Einspruchs- oder Berufungsentscheidung folgt, und endigt mit dem Ablaufe von 28 Tagen. Fällt das Ende der Frist auf einen Sonntag oder allgemeinen Feiertag (1. und 2. Feiertag von Weihnachten, Ostern und Pfingsten, Charfreitag, Neujahrstag, Buß- und Bettag und Himmelsfahrtstag), so endigt dieselbe mit dem Ablauf des nächstfolgenden Werktags. Eine Versäumung der Frist hat den Verlust des Rechtsmittels zur Folge.

Zur Vermeidung von Zweifeln werden die der Betriebssteuer unterworfenen Gewerbetreibenden darauf aufmerksam gemacht, daß die vorbezeichneten Rechtsmittel hinsichtlich der Betriebssteuer nicht zugelassen sind. Vielmehr ist wegen der Verpflichtung zur Entrichtung und wegen der Höhe derselben die an eine Ausschlußfrist nicht gebundene einfache Beschwerde an die Bezirksregierung gegeben. Wegen der Höhe der Betriebssteuer den Beschwerdeweg zu beschreiten, dazu werden die Steuerpflichtigen, welche zugleich der allgemeinen Gewerbesteuer unterliegen, wohl schwerlich in die Lage kommen, da die Betriebssteuer sich der Gewerbesteuerklasse anschließt und die hinsichtlich der allgemeinen Gewerbesteuer ergehenden Rechtsmittelentscheidungen, soweit durch dieselben Abänderungen der festgestellten Betriebssteuersätze bedingt werden, — dies kann nur dann eintreten, wenn ein Gewerbetreibender aus einer Klasse in eine andere versetzt wird —, ohne Weiteres eine anderweite Feststellung der Betriebssteuer nach sich ziehen.

Die Zahlung der veranlagten Steuer wird durch die Einlegung von Rechtsmitteln nicht aufgehalten, muß vielmehr mit Vorbehalt späterer Erstattung in den vorgeschriebenen Fristen erfolgen.

Zu entrichten ist die Steuer in vierteljährlichen Beträgen in der ersten Hälfte des zweiten Monats eines jeden Vierteljahrs, also spätestens am 16. Mai; 16. August; 15. November; 14. (im Schaltjahre 15.) Februar an die Hebestelle. Den Steuerpflichtigen ist es unbenommen, die Steuer auch zu einem frühen Termine und bis zum Jahresbetrage zu bezahlen.

Zu bemerken ist noch, daß diejenigen Steuerpflichtigen, welche eine ermäßigte Betriebssteuer zu entrichten haben, diesen Betrag in einer Summe binnen 14 Tagen nach erfolgter Mittheilung an die ihnen bezeichnete Hebestelle abführen müssen.

Nach der vorstehenden Darstellung liegen die Vorzüge des neuen Gewerbesteuergesetzes gegenüber den bisher geltenden Vorschriften klar auf der Hand. Das neue Gesetz bedeutet nach dem neuen Einkommensteuergesetze einen weiteren wichtigen Schritt auf dem Gebiete der Steuerreform, die eine gerechtere Vertheilung der directen Steuerlast verwirklichen soll. Unbestreitbar werden die neuen Bestimmungen auf der einen Seite zu einer bedeutenden Entlastung der kleinen Gewerbebetriebe, insbesondere des Handwerks und der nicht handwerksmäßigen Fertigung von Waaren sowie des Kleinhandels führen; auf der anderen Seite wird jedoch die bisherige unverhältnißmäßige Begünstigung der Großbetriebe ein Ende nehmen, gleichwohl aber eine Ueberlastung derselben nicht stattfinden. Für eine gerechte und den thatsächlichen Verhältnissen entsprechende Besteuerung eines jeden Gewerbetreibenden bietet die in ausgedehntestem Maße bei der Veranlagung in Anspruch genommene Mitwirkung der Gewerbetreibenden die volle Gewähr.

Druck von G. Bernstein in Berlin.